Versos del último sueño

Primera edición: marzo 2025

EDITA:
Editamás, editorial y contenidos digitales

DEPÓSITO LEGAL:
BA-000170-2025

ISBN:
978-84-129765-7-1

MAQUETACIÓN, IMPRESIÓN Y PEDIDOS:
www.editamas.com
924 180791

Juan Monzú Ponce

Versos del último sueño

Epílogo de nanas y naenias

¿Qué quieren las esquinas
cuando buscan la noche del silencio
en la soledad de los campanarios?
¡Rozar la luna con los dedos!

Cerró los ojos el hombre triste,
y escribió su último poema
en la huella desteñida de los versos.

PRAEFATIO

Algo me dice, que el destino de estas hojas, que intentan contener y reflejar la voz callada de un sentimiento que, tal vez, nadie se atreve a reconocer, no va a ser, definitivamente, el que le he imaginado y, naturalmente, me gustaría que tuvieran. Pero así son las cosas.

Hay quienes creen que existe una intención, un algo, un trasgo con el nombre de esperanza, con la que las almas traducen el desánimo en serena ilusión y el desengaño o la decepción en moderado optimismo. Es posible que sea verdad, que tal prodigio exista, ¡quién sabe!, aunque me da, que no siempre, y no para todos.

Por ello, a pesar de mi total escepticismo, es posible que un día, quizá lejano, quizá no, estas páginas cargadas de emoción, ilusión y voluntad, cumplirán el fin para el que las he creado, y tal vez ese día, llegarán a ser mínimamente importantes para alguien.

No seré yo, más allá de ilusiones, afanes y anhelos, y por encima de las intenciones y la propia voluntad, quien llegue a comprobar, o pueda conocer, la realidad de un destino que, si bien deseado, ignorado y oculto en la noche de los tiempos, susurra auroras y crepúsculos, mecido por el árido viento cálido de lo desconocido.

Y lo que tenga que ser, será (por voluntad de las voluntades impalpables o fuerza de las fuerzas incontrolables), sin que nada ni nadie pueda cambiarlo.

Estas pocas y humildes rimas, dibujan dos mundos diferentes pero unidos indisolublemente; tan iguales como opuestos. Un camino entre el principio y el fin, entre lo que nace y comienza a brillar, y lo que, por ley natural, después de recorrer multitud de caminos en casi todas las direcciones, se va apagando irremediablemente en forma de cansancio, de desgana, de confesiones y empeños prohibidos, que alimentan la más grande imposibilidad.

Todo cuanto pespuntea, conforma y adorna ese primer mundo que nace en estas páginas, figuras, rimas, alegorías, hipérboles, metonimias, perífrasis, anáforas, pensamientos y emociones, sin más aspiración que ser parte de un todo, son el más exacto reflejo de una sensación, nunca manifestados así de sencillos, así de directos, así de verdaderos.

Porque, por encima de pareceres y opiniones, de gustos, plácemes, rechazos, filias y fobias, si las hubiera, estos pocos versos sencillos, solo buscan ser y parecer cercanos, y solo quieren ocupar un pequeño rincón en el rincón de la pasión de cada quien, y el espíritu más sencillo de la poesía que los ilumina.

Rimas y metáforas de las nanas, van de la mano, con el eco de este deshabitado corazón mío, por un camino único de emotividad, para quien ha pintado de colores, instantes de un tiempo que recorta su tiempo, sin freno que lo ralentice ni lo detenga; sin prisas, mirando de frente lo que casi no queda y echando, a veces, la vista atrás para ver lo que ya no hay.

Quiero creer que alguien, vagabundo de la palabra, que llegue a ojear este cúmulo de páginas, trazadas para intentar ser y parecer verso y poesía, advertirá la presencia de sílabas y expresiones ya escritas desde mejores imaginaciones que la mía, y más propias de aquellos poetas que supieron ganarse un lugar, junto a la musa, en el Parnaso.

Y están ahí, a modo de humildes homenajes a la palabra de quienes, sin llegar a imaginarlo, nos enseñaron la emoción de parir un verso para hablar de la vida, y una rima para adornar la vejez, de los años, de la madre, de lo que nos estimula el afecto, la amistad, el apego y el mayor cariño que, sin esperarlo, despierta el ser más pequeño a nuestro alrededor.

Se trata de decir lo que quiero decir, incluyendo en mis palabras, como homenaje, algunas de Antonio Machado, Federico Garcia Lorca, Pablo Neruda o Rafael Alberti, y especialmente Miguel Hernández, porque entre todos, me enseñaron la poesía.

Y hacerlo desde el más profundo respeto, y la más intensa admiración por todos y cada uno de ellos, hombres y mujeres, cuyas palabras un día - mañana, ayer o, quien sabe, hace ya más de mil años - me llegaron hasta donde no conseguía, ni ha conseguido, llegar mi pobre intención de poeta.

Nada más. Todo se acaba, fenece. No sé si me falta voz para decir que no habrá más verso, que las rimas han vuelto su última página, o mejor no decir demasiado y callar lo que de verdad se quiere decir, para no parecer un fatuo inculto que intenta parecer un sabio, entre los ignorantes sabios que hablan sin saber lo que dicen, ni lo que quieren decir. Pero están ahí, en una suerte de parnaso de andar por casa y, lo peor de todo, llegan a creérselo.

Estos versos han nacido casi por necesidad, desde el fondo de mi corazón. Unos, revestidos de postrer ánimo, gritos callados del inesperado júbilo de un alma casi caduca. Los otros porque llevaban demasiado tiempo, arañando mis entretelas, con la intención de cerrarlo todo, tras la última derrota, y el cansancio.

Pero he visto la sonrisa infantil y alegre, viva, profunda, que alivia el cansancio del alma, y siembra la vida de puntos de luz y color, que pespuntean la dificultosa vereda de la vejez.

Sonrisa que sigue matizando de vida, estas pocas estrofas, que miran sin aversión el severo rostro de la realidad, y el reflejo del punto y final, con la serenidad que confiere la aceptación de lo seguro e inevitable, a pesar de la poesía y las musas. ¡Ojalá solo se borre de mi intención, en el más último de los últimos momentos!

Y hasta es posible que, a la vista de los gestos escondidos de los momentos de algunas almas cercanas, sea fácil comprobar que no terminen de ser de su agrado, su anuencia, su acogida, ya sea sencilla pero sincera, estas asonancias y consonancias, o la propia composición, o los verso, o las palabras. Tampoco es que, en su caso, todo ello me inquiete o atente contra mi intención y el propósito por y para el que han sido vertidas estas palabras, copiosamente tiznadas con la indeleble tinta del afecto y la ternura.

Lo único que me importa, por encima de que guste, se aprecie, se valore, o no, es que esta apuesta al sol, está ideada y construida por y para quienes está ideada y construida. El destino, es posible que esté en las estrellas, y que las respuestas estén flotando en el aire. Amen.

Juan Monzú Ponce

(Ito Huche)

Para la niña Paula,
que me dejó vivir
algunos días de sus días.

Epílogo de nanas

¿A dónde vas, lluvia de nadie?
A fundirme con el sol en las orillas
olvidadas de un sueño de poeta,
a revestir de gasa las esquinas,
a ser vida, rio, y mar serena,
a germinar el grano y las espigas,
¡y abrazarme a la tierra!

Notas para una nana

Porque me sonríes sin pedir nada,
porque fue para mí, tu primer beso,
porque te acercas y me abrazas
con tu infantil sonrisa, abierta
de luz y un halo de esperanza,
en el epílogo de mi voz primera;

y porque me habla tu mirar intenso
y fue mi nombre, tu primera palabra
con el tierno balbuceo más silencio.

He vuelto a sentir, niña, la necesidad,
el hambre de poesía en los adentro,
y la avidez, la emoción, el afán,
desde más allá del propósito y los afectos;

he sentido la apetencia que relampaguea
en la imaginada voz del aliento,
el clamor de las musas, en la azotea
imaginada de la fantasía y los anhelos,
y la señal anónima de la tierra
desde la infinita luz del universo,
con el silencio codicioso de las piedras,
y la notoria ingravidez de los pueblos.

He vuelto a sentir la metáfora inquieta
multiplicando rimas entre mis dedos,
el retumbo de la estrofa, hecho poema,
la lengua viva y el ansia de los versos,
en el verdor de la primavera
y en el pardo violeta del invierno;

y la inspiración, el sosiego, la calma,
la conciencia de las voces y los ecos,
la huella serena de las aladas almas
y el soliloquio de los tenores huecos.

Y puedo escribir, verbo y pensamiento,
con la brisa que requiebra los campos,
y bajo la luna con su polisón de nardos,
estas poesías con la tinta del alba,
desde el más corazonado sentimiento.

En el ángulo oscuro del recuerdo,
no olvides, niña de luz y madrugada,
estos versos del último sueño.

Ab imo pectore

Nana para un sueño

Sonó el canto del mirlo solitario
desde el balbucir de la luz primera,
por la esquina de los campanarios,
cuando la niña soñaba primaveras
con una sonrisa de abecedario,
en la noche vestida de estrellas.

Puso el ruiseñor voz al silencio
y el estornino dejó de cantar,
se vistió de colores el jilguero,
el vencejo no quiso más volar.

En el embozo de gasa de su cuna,
descansó la voz de las violetas,
y enhebró una nana la luna
con pespuntes de beso y canela.

El cárabo y la cigüeña, guardaban
el susurro del reloj del tiempo,
y el gorrión y la alondra, callaban
para no romperle a la niña el sueño.

Silencio de canícula.

Nana del cielo

La blanquecina luna llena,
llora indiferente, por el tiempo
que agoniza sin remedio
en el sordo tic tac metálico
de este humilde reloj de arena;

Y oigo el oscuro eco de su lamento
con el chirriar velado del silencio,
en el sonido de las voces prohibidas,
con el susurro de los secretos,
y los hilos escondidos de la piedra;
y en el rumor húmedo de los tejados
que buscan noches, divididas
en el filo de las palabras nuevas,
y en el carrusel disfrazado
de los pasos perdidos en las aceras.

Pero es tu risa, niña, fuerza de mis días,
voz que calla la sordina de mis miedos,
bálsamo para las abiertas heridas
del alma que no encuentran consuelo,
paz de mi guerra, motor de mi alegría,
y murmullo celeste de mi esquivo cielo.

Sollozan las horas, sobre el mar abierto
de mi fatigada imaginación, rendida
de imaginar olimpos artificiales
en el eco de las esquinas y el desierto;
y es tu mirada, aurora renacida,
luminaria de las noches de san Juan
en el ruido de las mañanas irreales;

acorde sostenido, en la indefinida
desavenencia de mi turbado afán,
y hálito para mi pobre alma de poeta.

Que las nubes viertan lágrimas de sal
en la conjunción de los planetas,
y borren mi nombre cereal
de las lindes del recuerdo,
y de la memoria de los omitidos
en los cubiles de la soledad;
y de los resecos labios de los afectos
que nunca derramaron besos vivos
en el mutismo de mi necesidad,
marchita, bajo las arrugas del olvido.

Porque tu mirada, niña, me abriga
de luz en el firmamento de las sombras,
y con tu risa, que me eleva y me nombra,
mi horizonte se viste de vida
en la serena noche del pensamiento.

Las extraviadas silabas divididas,
pueden negarme voz y conocimiento,
porque mis días se amparan
de voluntad y sosiego
cuando tú estás, niña del alba.

¡No hay más universo!

¡No tengo más alma!

Asomaba otoño.

Nana de las enredaderas

He oído, niña, a la primavera,
susurrar tu nombre al silencio
con palabras de alegría y embeleso,
y un tierno rumor de enredaderas.

De claridad se vistió octubre,
pespunteando el color de la tierra
con un cielo transparente de luces,
en la tarde pajiza de las enredaderas.

En el mediodía de las madreselvas,
el verano de caléndula y espliego
pulsa una nana de jazmines y romero,
con una mandolina de enredaderas.

El invierno y su mirada de escarcha,
lloran la ausencia de las cigüeñas, con
un carámbano de cielo y calma, y un
verso de camelias y enredaderas.

¡Para que rías siempre, niña,
con toda el alma!

Desabrigado de nubes.

Nana de los bolsillos vacíos

Porque en mis vacíos bolsillos,
sobran palabras que hablan de ti, niña,
y quieren hacerse voz sentida,
Peter Pan, fábula, y rumor de grillos;

testigos del penúltimo aliento,
de la tarde, humilde sereno estribillo
en el camino de las mañanas gastadas
tras los dormidos espejos del tiempo.

¡Ay...! Palabra, voz, verbo fatigado
para un puñado de sentimiento,
que garabatea afanes imaginados
en el papiro ceniciento
de mi olvido, forzosamente olvidado.

Ruidos de este inquieto pensamiento
mío que no reposa, cansado
de hablar con el silencio templado,
en las ventanas abiertas del viento.

Verso humilde de la página oculta,
donde las rimas juegan a ser poesía
y estrofa sincera, apetencia que apura
mi intención, en la rutina de los días.

Sencillos párrafos nacidos para ti,
niña de la mirada abierta de necesidad;
oración profana que se afana por volar
hasta más allá de mis lindes, y de mí.

Un rumor de cigarras acaricia los tejados
cuando las nerviosas estrellas parpadean,
y un gato maúlla, aburrido y entregado,
un bisbiseo de apetencias, en las azoteas.

Dibuja el colibrí, con el batir de sus alas,
susurros de gasa, niña, para tu cuna,
y corcoveando sombras a la luna,
el caballo caligrafía estrofas de plata.

¡Duerme, niña! No tengas miedo
de la sombra, la soledad y el ruido,
que mil luciérnagas han venido
para iluminar tu paz y tu silencio.

Las estrellas recogerán tu espera,
la alondra guardará tu sosiego,
el caballo protegerá tu tiempo,
y los grillos ahuyentarán las fieras.

La callada lluvia de octubre, dejará
un rumor sereno en tu ventana,
y el gris noviembre apurará
el sueño sereno de tus madrugadas.

El gato requebrará a los planetas
y guardará las horas de tu sosiego,
para que nunca tengas miedo,
niña, de la noche y las tormentas.

¡En mis vacías faltriqueras
sobran palabras, y sentimiento!

Rumorea una lluvia fina.

Nana del abrazo

Con un inmaterial gesto,
pespunteado de gasas y madrugadas,
niña de infinito recién despierto;

desde la fantasía y el desvelo,
en una estela de acequias calladas,
y más allá del océano y los estrechos;

entre el agitado olvido y el recuerdo,
en la distancia y la ausencia ignorada,
y hasta más allá de los tiempos;

desde la imaginación y con el alma,
con la intención y el pensamiento.

En la memoria, y desde lejos,
en el vano todo, y en la blanca nada,
con una nana que le hable al viento
de tu voz, tu risa y tu mirada,
tu alegría, tu llanto y tu consuelo,
y con la melodía del agua clara
en las vísperas de ceniza y canela.

Sonríe, niña, por las lindes del cielo,
y derrama sobre mí, tu risa de planeta.

Crepúsculo.

Nana de la luna poeta

¿A dónde iremos, tú y yo, de la mano,
niña de la mirada de amapola y verbena,
cuando la sombra acaricie los tejados
en el atardecer de miel de las abejas?

¿Quién nos verá pasar, desde las aceras
amarillas del otro lado de los abrazos,
con la sombra del mirto y las adelfas
a la hora en punto de los olvidados?

¿Hasta qué esquina, nos llevarán las huellas
desteñidas de los bastidores del tiempo,
por la página en blanco de la inocencia?

¿En qué ignorado umbral de fría piedra,
nos sentaremos, para hablar del inquieto
reír de tus ojos, ávidos de vida sin espera,
agitados de entusiasmo y secreto?

¿En qué desconocida hora serena,
y qué detenido laberinto universo,
me encontrará tu risa de azucena,
para abrigar de paz, mi desconsuelo?

¿En qué momento, niña de luna llena,
suspendido de las cadenas del cielo,
tu mano en la mía, para aliviar la tristeza
que me tizna de olvido y desasosiego,
ansias de mi cansada alma viajera?

¿A dónde, niña, a donde iremos
cuando la voz templada de las mareas,
arrulle tu palabra y tu pensamiento
y yo esté lejos, abrigado de indiferencias,
en el prolongado océano de los tiempos?

Y cuando tus ojos busquen quimeras
en el murmullo ceniza de los recuerdos,
y tu mirada alivie su infinita apetencia
de auroras lejanas y susurros nuevos
en el eco cercano de la voz primera,
¿a dónde, niña chica, a dónde iremos.?

¿Querrá la luna, ser poeta,
y escribir con cálamo de espliego
y letras de espuma y violeta,
tu nombre en las estrellas
para que siempre pueda verlo
desde mi infinito de campo y estera?

¿A dónde iremos tú y yo de la mano,
en las tibias auroras de la primavera?
Tú, a la vida, que te está esperando;
yo, al olvido y el ulular de las aceras.

¿Quién consolará tu llanto?
¿Quién recorrerá tu senda?

¡Dame la mano, niña, hasta el descanso!

Noviembre.

Nana para la risa

Jugaba la niña, y reía
con la voz de la lluvia en las veredas,
y era su risa, la vida
en la noche de los sueños,
zurcida con hilos de madreselvas.

Brillaban sus ojos abiertos
como un manto de estrellas,
en un mar inquietamente quieto
de noches de espuma y arena,
en la soledad de los tiempos;

y su mirada, trazo de sol inmenso,
inundaba con cadencia de luna llena
y semblante de querencia y afecto,
este dolido corazón que ya no espera,
y esta alma vencida y sin aliento.

La lechuza de san Cristobalón,
vuela serena sobre los calendarios
en el vasto ventanal de los campos,
inmensidad del océano imaginario
y afán del viejo camino blanco.

Cuando cierra los ojos el cielo,
arropado de cerrado arrebol,
la lechuza vuelve al campanario,
y vuela hasta el páramo el mochuelo;
y en el melancólico olivar solitario
– acuarela de pardo y verdor –
desde el acebuche centenario
con sus redondos ojos amarillos,
observa inquieto un autillo,
cuando la noche se viste de oración,
un taciturno peregrinar de grillos,
y el húmedo rastro de un caracol.

¡La niña jugaba!

¡Y la risa en los bolsillos!

El sol se columpiaba en las nubes.

Nana de las estrellas

Como palabras
que han perdido la palabra
en el infinito de los libros no escritos:
como silencios
de la oscura voz del silencio,
confundidos en el incierto
eco de la nada;
¡como un diluvio fosforescente
en el profundo infinito!

Como sueños rebeldes,
prófugos del sueño,
que sueñan atrapar utopías
en la tilde escondida
de una sonrisa;
como miradas blancas
en la garza lejanía
de las efímeras miradas furtivas,
y sobre el punto y coma
del mediodía
de mil inacabados versos…
¡luminosa metáfora detenida!

Como expresivos pensamientos
sonoros, de los dioses caídos;

como lágrimas de luz, huidas
de los fanales del cielo,
que parpadean planetas perdidos
en la lucerna de los momentos
que nunca serán olvido;

¡como versos eternamente sueltos,
serenas ansias de poeta!

¡Palabras! ¡Lamentos! ¡Fronteras!

¡Fantasías! ¡Miradas!

¡Pensamientos!

Son tu nombre, tu risa
y tu voz primera,
niña, cruzando el firmamento,
como una lluvia de estrellas.

Lúnasa en el cielo.

Nana del agua

¿Qué dice el rumor del agua nueva
con la armonía de un bordón sereno
desde el callado lecho de las acequias,
saciando la ocre soledad del barbecho
y el tupido verdor de la sementera?

¡Tu nombre, niña, que lo repite el eco!

¿Qué quiere, entre la noche y el alba,
el humilde gorrión inquieto,
navegando sombras en el agua clara,
con su dulce trino y su sinuoso vuelo,
y el sudor del arado, bajo las alas?

¡Decir tu nombre, a los cuatro vientos!

¿Qué espera la curiosa luna blanca
en la mañana de los patios y los huertos,
cuando el sol derrite la escarcha
con una velada sonrisa de incienso,
y un guiño de fuego en la mirada?

¡Grabar tu nombre, en los ecos del silencio!

¿Qué busca la lluvia en la ventana,
cuando se abren las puertas del cielo?

Silencio de gorriones.

Nana del silencio

Me miras, niña, con ojos de plenilunio,
claros, vivos, ávidamente inquietos,
calladamente arropados de curiosidad,
inundados de verdad, y el amarillento,
mundo se precipita sobre junio;

¿qué buscan, desde su fondo boreal,
tan prontamente pronto?

¡Espera, niña, parábola de versos!

Ahora, es momento de reír sin medida,
de llorar sin motivo y quererlo todo;
de seguir y perseguir, fugitivas
burbujas de jabón entre los dedos,
de bajar toboganes, de subir escaleras,
de correr bajo la lluvia, y pisar los charcos.

Es tiempo de pintar espejismos nuevos
en la gasa violeta de las nubes viejas,
de abrigar entre las manos
el silbo afligido del silencio,
de dibujar tirabuzones en el aire,
imaginar otoños grises en primavera,
y rozar el mundo en los ecos de la calle.

¿Qué buscan tus ojos de universo,
en este tiempo sin orden ni bandera,
tan aprisa, tan urgentes, tan abiertos?

Ahora, es el momento de deshojar
tímidas margaritas blancas,
y atrapar el viento en las esquinas;
de acunar fábulas vivas, hablar
con la nada en las barandas,
y seguir el vuelo de las golondrinas.

¿Qué busca tu mirada circular,
– embozada de claridad y misterio –
en el bisbiseo callado de las aldabas?

Ahora, es el momento de los besos
aprendidos, y las caricias repetidas;
de soñar con mariposas en el espejo,
navegar auroras de papel
en el océano de los brazos maternos,
y mirar la luna llena, dormida
en la bóveda celeste del amanecer.

Es el tiempo de la prisa y la espera,
de inventar mundos, con el mecer
y el rumor del agua en las orillas;

es el momento de la luz y la tierra,
de jugar a serlo todo y nada, y de correr
para seguir jugando en las aceras.

Ahora, es el tiempo de abundar la vida,
niña, con tu mirada de mar abierta,
y la luminosa melodía de tu sonrisa.

Realidad de luz y sombra.

Canción serena para una nana

Viajaré al cielo de la poesía,
– mutismo de luz y aurora –,
para encontrar la mirada sincera
de mi padre, descansada de sombras
en la sonrisa de ayer, y abierta
de honradez y espera,
a los mudos retumbos de los sueños.

Serán las vigilias, inciertas,
hondo el cansancio, pesado el alba,
afónica la voz, fatigado el aliento,
pálida la esperanza, estrecha
la ilusión, abundante la nada,
y agrios, el tiempo y el recuerdo.
¡Y se habrá borrado el camino de vuelta!

Pero yo, niña, voluntad olvidada
en el suspiro de una noche de invierno,
pasos invisibles en la arena callada,
voz equivocada entre el sonido y el eco;
yo, que tengo la espalda señalada
con la marca impalpable de los ninguno;
– silencio es mi paz y sordina mi batalla –;

yo, al silencio fiel, pero importuno,
quiero, niña, escribirte una nana
antes que las estrofas se pierdan
en la arista inevitable de lo oscuro,
y tras las esquinas del pensamiento
en el voladizo de la indiferencia,
mecidas por los rumores del viento,
con el mutismo de la ausencia.

Antes de que el verso
se niegue a ser verso
y poesía, en un pergamino de nieblas;
antes que las musas me prohíban el cielo
de los tristes poetas de tierra,
antes de que se borren las calles
a la hora cierta
de las bocas cerradas,
antes de confundir la vereda
en los ahogados senderos del aire.

Y aunque llevo investida el alma
con el seudónimo de los nadie,
quiero, niña abrigada de luna llena,
escribirte una nana de voz en calma
que respire afanes de mar y arena.

Ambarina la mirada

Nana para un verso suelto

Porque todavía guardo un verso
en mi descosido ánimo de escarcha,
que rebosa los sótanos del miedo
con el retumbo de las barandas,
– parábola abierta de mi tiempo –

Si quieres, niña, imaginaremos
un mundo de papel y palabras,
rebelde de promesas, y jugaremos
a pintar los ojos de la madrugada;
y adornaremos el mar inmenso
con tu nombre, palabra y vereda,
con tu sonrisa de aldaba y estrella,
y tu mirada de luz y universo.

Si quieres, sentiremos el viento
cabalgando nubes y meciendo ramas;
hablaremos con la luna y sus acentos,
abrazaremos al sol de la mañana
con el rumor sereno del silencio,
y oiremos al petirrojo y la calandria
en los cálidos amaneceres de mayo.

¡Veremos la lluvia
resbalar en el espejo,
y acariciar las hojas,
y regar los campos!

Reiremos con la noche y el alba
dibujadas en las lindes y los barrancos,
y buscaremos la verdad, en los sonetos
de las desconsoladas musas olvidadas,
que perdieron rima y cadencia
en la asonancia del primer verso.

¡Y dejaremos pasar las horas!

¡Y soñaremos con duendes y con elfos!

Duerme niña, y no tengas miedo
de este verbo fugado de sombras;

ríe hasta el amanecer del tiempo
y la profusión de las auroras,
que yo velaré tu sueño
con el reposo de las mariposas,
cuando despierte, tierra adentro,
en el mutismo de las horas.

Lloraban los planetas.

Nana de las horas

¡Y más allá, está la nada!

¡Nunca llegues a saberlo!

Desde los lloros de noviembre, niña,
las sirenas dibujan nublos de gasa
y espuma, niña, en el mar sereno
de tu inocencia, y caracolas marinas
en los bordes de tu mirar inmenso,
que juegan con el ruidoso vuelo
de las inquietas golondrinas,
en las comisuras del aire, y las aldabas.

¡Las horas, trazan rimas en el espejo!

Te espera, niña, te está esperando
la vida, en el brillo de tu sonrisa,
en el límite y la orilla de tu mirada,
y en el horizonte de tus ojos abiertos;

en el ocre mutismo de los pámpanos,
en los tímidos pétalos de la flor callada,
en el balbucir de la tarde y los afectos,
y en la sordina anónima de las barandas.

Y yo, que me aflige tu llanto
y me agita tu desconsuelo,
que me duelen tus lagrimas
de sal y escarcha,
que no puedo sufrir tu miedo,
y me espanta tu pena derramada,
te llevo en el pensamiento;

en el estremecer de los años,
y en el discordante silencio,
en los arañazos de la piel cerrada,
y en el intimo rastrojo del miedo.

Y en el extravío, y en el recuerdo,
y en el eco de la voz callada
de estos versos del último sueño.

¡Y en las arrugas del alma te llevo!

¡Más allá, no me queda nada!

¡Nunca llegues a saberlo!

Celeste limpio de cielo.

Nana de la campana

He oído el tañido de la campana vieja
lamentarse a la hora de los secretos,
desde su espadaña de viento y tierra,
desde su monótono corazón de hierro.

Cansada y dolida, gastada y añeja,
palabra de la noche de los tiempos,
en la soledad de sus días, solo queda
la rendida estridencia de sus lamentos.

El eco de la sombra, arropa su pena
con el manto incorpóreo del misterio,
y con la voz dormida de las estrellas,
bisbisea, niña, tu nombre al silencio.

Cuando cantan los gallos de piedra
en el olivar de la coruja y el mochuelo,
en la asonancia metálica de los planetas
se oye tu risa, niña, tu risa de cielo.

Hasta más allá de los días, voló la cigüeña,
y contra el silbo de la fuerza del viento,
se cubrió la campana de serena ausencia,
en el celoso abrigo del campanario hueco.

Buscó tu mirada en la tímida vereda,
y encontró tu nombre entre el romero;

derramó su voz quebrada en las aceras,
y sintió latir su frágil corazón de hierro.

¡Ay... ya no suspira la campana vieja!

Porque quiere sentir tu risa, niña...

¡Y su alegre silencio!

Bajo el cielo gris, diciembre.

Nana del pensamiento

Te pienso,
hasta más allá del pensamiento,
y te guardo en mi memoria cana.

Te pienso, para mí y mis acentos,
cuando el sol abraza las aceras
mientras la tímida noche se apaga;

y al quebrarse el alma quieta
entre costuras de madrugada,
cuando la luz y la sombra, sosiegan
el húmedo lamento de las almas.

Y en el sigilo del camino desierto,
con el tañido ajado de las tormentas,
al abrigo del tibio quejido del viento,
y con el vuelo de las abejas;
en las risueñas cimas del anhelo,
junto al quieto surco de la siembra,
y el humilde pardo del barbecho;
y en la inexacta poesía de la tierra,
con el murmullo de los aguaceros,
en el manso rumor de las acequias,
y la sordina líquida de los espejos.

Te pienso, niña del cielo,
a la hora en punto de la tierra,
y en el llanto, y en la risa, te pienso;

en el perfil de tu mirada despierta,
y en los puntos suspensivos
de la razón, te pienso.

En la paz del barbecho y las riberas,
con el almagre del otoño ceniciento,
y en el sutil arrebol de la primavera;

y con los mimbres del sentimiento,
en el abrazo de la duermevela,
y en la arista fría del aliento.

Te pienso, con la luna nueva,
en la fría soledad, y sus momentos,
con el eco de mis pasos y sus huellas,
en los atardeceres de junio amarillento,
y con los pulsos intangibles de la espera.

Te pienso, en la nostalgia de los versos,
con el despertar del alba y la hierba,
y frente al zarco infinito del universo
– cosido con jirones de nubes blancas –
de los grises amaneceres de noviembre.

Y bajo las hojas del olmo seco,
con el pajizo sol de septiembre,
en el punto y seguido
de las madrugadas,
y bajo el rutilante silencio
de las estrellas de diciembre;

y sobre el eterno tiempo del tiempo,
te seguiré pensando cada mañana.

Te pienso siempre,
y te llevo en mi memoria cana;
aunque nunca llegues a saberlo,
niña chica del alba.

Espejos de agua en las aceras

Nana del recuerdo

Seguirá soñando la fantasía
en la vigilia líquida del alba,
y sobre el pergamino de los días
bostezarán las sombras calladas;

y volverán los aguaceros de abril,
las nomeolvides en septiembre,
y los atardeceres salpicados de añil;

el tupido frío de diciembre,
y el perenne chirriar de las cigarras.

Volverán los crepúsculos de noviembre,
abrigados de humedad y niebla,
volverán, la luna de enero,
y las risas de mayo
con sus mudas mañanas rumorosas,
y sus vísperas vestidas de ocaso;

volverá el viento de marzo
a las veletas,
el ingrávido libar de las mariposas,
y el olor a vida,
y el verde campo.

Volverán las noches pintadas de estrellas
a recostarse en la desnudez de los tejados,
y dibujará horizontes de luz, la primavera;
sonará la risa en los patios olvidados
y la hueca soledad de las callejas
en el oculto mutismo de los tinteros.

¡Y llegará el viento norte, más templado!

Susurrará el agua clara en la ribera,
retoñarán la salvia y el romero;
florecerán jazmines y enredaderas,
y aliviaran sus noches los aguaceros;

regresarán las cigüeñas al campanario,
la lívida soledad a las azoteas.
se vestirán de sol las mañanas de febrero;
sumarán las horas, años en el calendario,
y me negarán, el camino y la sementera
la lealtad, la equivocación y los versos,
la risa, el éxito y el hastío. Y la tristeza.

Me olvidarán, las espumas y las arenas,
los credos y las dudas, el momento,
la obligación, el derecho y las promesas,
y no me recordarán, el mar ni el desierto,
ni la culpa, el afán, la conciencia,
la ilusión y la esperanza. Ni los afectos.

Ni el olvido, ni la ausencia,
ni mi alma, ni mi tiempo.

Porque no soy poeta de nada,
porque siempre he sido, solo espera
y fueron mi palabra y mi voz, calladas,
nada ni nadie me recuerda;

porque nunca fui exigente con nadie,
porque serví a quien lo necesitaba
a cambio de una sonrisa en el aire,
y nunca vendí mis conocimientos,
nada ni nadie me recuerda.

Y porque siempre
fui solo voluntad y entrega,
y porque escribo, solo pensamiento
en los atardeceres ceniza de noviembre,
nada ni nadie me recuerda.

Pero tú, niña de luna llena,
guárdame siempre en tu recuerdo.

¡Quieran los días que quieras!

Entre Januales y la Befana

Nana para un mañana

Aunque me prohíban los planetas
en el fugaz callejero de los años,
y te digan que no fui poeta
porque escribía, solo versos
rotos, que nadie recuerda.

Aunque solo sea, ave de paso
confundida en los alambres del cielo,
y las tímidas rimas, se pierdan
en una simple metáfora, inacabada
tras las claraboyas del lejos.

Aunque los cristales del tiempo
me hayan hilvanado a la nada
con agujas de humo y sosiego;
aunque las madrugadas de escarcha
borren el surco de mis huellas,
y junio, me haya cubierto
de noches, en un aquelarre de estrellas
curiosas, como musas del silencio;
aunque ignores mis palabras,
extraviadas en la amnesia del lejos,
y no me pienses, ni me sientas
al otro lado del imaginario espejo.

Aunque a la hora de las tormentas,
el olvido me apague el entendimiento,
y las diosas susurren historias
en el ruido de las azoteas desiertas;
aunque el rio se quede sin memoria,
y el sol naufrague en sus orillas.

Aunque mi voz se vista de silencio,
y el otoño no dibuje auroras amarillas;
aunque el color se haga blanco y negro,
se pierda el eco de los campanarios,
el desánimo se corone de universo,
y la luna sueñe con ser cometa.

Aunque huyan las fechas y los horarios,
y la primavera se adelante al invierno
cerrando los días del calendario;
aunque las ninfas te ciñan de planetas,
los ángeles arrullen tu sueño,
y las musas te borden la frente
con el festón de un verso suelto.

Aunque la noche y el día no se encuentren,
y el reloj pierda la voz del tiempo,
niña, ¡no me olvides!

¡Aunque no me recuerdes!

Día de Reyes

Nana para un epílogo

Cerraremos la puerta, niña,
al frío invierno de los planetas
con la luz de tu mirada,
con tu extensa risa de universo,
y la sonora cadencia de tu palabra.

En el sigilo de las tardes color violeta,
cuando prenden los fanales del cielo
y la parda mudez acaricia las estrellas,
traerte la luz del sol entre mis dedos,
para que, en la noche de las tormentas,
te abriguen los versos del último sueño.

En el fondo de la nada, se marchitará
pálidamente el viejo ayer de los tiempos,
imaginando auroras que no amanecerán;
la niña Paula, ignorará los días inciertos,
ocultos en la última página del calendario,
gritará mi nombre, y el rendido recuerdo
oscurecerá el tañido de los campanarios.
El poeta, ya no escribe versos,
en el utópico arco iris de lo imaginario.

Ab imo pectore.

A la memoria de mis padres.

Epílogo de naenias

Cuando se fueron,
se paró el reloj del cielo
marcando el momento
exacto en que murió el ayer.

Apuntes para una naenia

La voz guardó el húmedo silencio quieto
– con un epílogo de lágrimas perdidas –
en el surco oscuro de los bolsillos abiertos
que olvidan noches de estrellas, dormidas
en el perpetuo caleidoscopio del tiempo.

Mutismo de sombras sin sombras,
lamentos que no lloran en el llanto
blanco de los mediodías del alba,
susurro herido de las triste alondras,
fragor vagabundo de las aldabas
en la soledad florida del camposanto.

Eco cerrado de la noche abierta,
murmullo sereno de naenia herida
en el corredor de los años extraviados;

ausencia, sordina, partida,
y el inmaterial abrazo de la pena.

Florilegio de ilusiones y deseos gastados
y un soplo de aliento consumido y frío,
el inesperado y lento beso vacío
de la inexistencia, y el amargo recuerdo;

y en las esquinas inmateriales
del olvido,
solo flor de témpano y espejo,
que deja en los doloridos
arrabales
del alma, el opaco reflejo
que se oculta tras los cristales
divididos,
de la frígida mueca, de un sol
pálidamente efímero,
con el abandono de la voz
y el humilde verso,
y no calienta el ausente
imaginario cielo
que la muerte deja, eternamente
cincelado y prendido
a un mañana inexistente.

¡Separación, frontera, liberación, camino!

Noviembre

Naenia de la memoria

Oscura la voz y cerrado el recuerdo,
insolvencia de la memoria, dividida
entre el doliente ayer que ya no espero
en el mar de las madrugadas fingidas,
y la anémica mañana, que no quiero
encontrar bajo las sábanas prohibidas
de la imaginación y el desconsuelo.

Porque no sé rezar,
lloraré por ti, padre,
calladas naenias de dolor
sobre los recuerdos de la calle,
con el eco taciturno de mi voz,
grabada en el silencio intemporal
del papel anónimo, tristemente olvidado
en el final de los días de esparto y sal,
bajo los humildes escombros de los nadie.

Dibujaré tu nombre, madre, con la pajiza
sangre de la desmemoria y el olvido,
en las ocres páginas del pasado
que ya no respiran;

y en los cirros desvanecidos
en la lluvia y en los charcos;
en el sueño, en el mar y sus orillas,
en las horas y los días perdidos,
y en las afiladas aristas
que me consumen el tiempo.

Y en el páramo de los llantos,
eternamente escondidos
en la inmortal soledad de mis momentos,
con el brillo de las estrellas apagadas
y la sombra de los planetas consumidos.

Evocación y vacío, soledad confesada,
llanto de espina y tul, reposo y sosiego,
en el recodo de la vigilia del alma.

Y entre la confusión y el recuerdo,
el credo y la duda, el miedo y la calma,
seguiré esperando el último aliento
con el balbuceo de mis rimas apagadas,
y el agrio susurro de mi desaliento,
en el bisbiseo de las palabras negadas.

Octavo y décimo

Naenia de la nada

Crepitar del silencio en las estrías
divergentes de las intenciones,
y todo es nada en la abundancia
inconformista de los consumidos días,
y en la voz unísona de los corazones
oxidados, intolerantes en la distancia.

¡Nada! La noche es un callejón borrado,
– andén obligado de la vida quieta –
la mañana, un paso necesario,
galería callada de vía estrecha;

la tarde, un puente lejano del pasado,
señal carmesí de los marchitos labios;
el día, la omitida luz apagada
de los taciturnos campanarios;
y la gente, sombras ignoradas,
ignorantes con título de sabios,
ruido, voces desconocidas,
risas forzadas, instintos, pisadas
a ninguna parte, almas aburridas,
deseos fracasados, esquinas calladas,
pensamientos ocultos, mentes furtivas
abundantemente habitadas de nada.

¡Estamos solos, dijo el alma!
¡Porque ya no queda nada!

Nadie recordará el tragaluz
de la memoria, cuando mi sombra
haya perdido la sombra
en el cubil clausurado del recuerdo.

¡Mírame en silencio, dijo la mirada!

Y cuando lleguen, la quietud
y el postrer anochecer de los cuerpos,
estarán vacías y mudas las calles.

¡Para que pasemos, ignorados, yo y el aire!

Un día de nunca.

Naenia del silencio

Huele a omisión y ausencia, a ruptura,
a distancia, a despedida y frontera;
suena a lejanía, a soledad, a destierro,
a dolor agudo en las costuras
afiladas de las espumas y la tierra,
a utopía empujada por el viento,
¡anaranjada luz de primavera!

Con el susurro templado de las dudas
de siempre, escondido en los rincones
oscuros de la nada, las diosas desnudas
suspiran un anónimo misterio de sueños
apagados en el eco reprimido de la culpa,
cuando la mañana cabalga sensaciones
sobre el potro desbocado del miedo.

Sobre los párpados yertos de los muertos,
reposa la mirada quieta de las lechuzas

¡Silencio!
¡Silencio!
¡Silencio!

Día de difuntos

Naenia para mi madre

Desde las vidrieras del más allá,
llega un rayo de pesar, cubierto
de ayer con una estrella de arena y sal,
que dibuja, madre, tu nombre, en el cielo
indiferente de la desgana y el afán,
cuando abre las puertas el mediodía
y parpadean las luces del universo.

Solo queda de ti, bajo el sol, la sombra
de tu mirada sujeta a la esquina fría
de la nada más nada del tiempo,
y el eco sigiloso de la voz redonda
de tu ausencia, profunda y vacía,
siempre hilvanado entre tus dedos,
– arrugados de escarcha y afonía –
al clamor agonizante de mi lamento.

Alienta en el rumor de tu recuerdo,
un reflejo de tu mirada, abatida
en el insufrible espacio de la tristeza,
y un soplo impreciso de tu voz, dolida
en el perpetuo desánimo de la queja,
a la hora en punto de las despedidas
en las frías auroras de las callejas.

Ya no hay negro en el velo de tu lejanía,
y solo un ocre pajizo de luna llena,
cubre el hueco ausente de tus ojos
en la interminable noche, de los días
perdidos en la alameda de la pena
eterna y callada, y los afanes rotos.

¿Dónde, madre, encontraré los surcos
de tu dolor y tu silencio,
– rutilante alegoría de tu recuerdo –
en el tenue horizonte del oscuro
universo de tu distancia?

¿Cómo llegaré hasta ti, madre,
en la noche de los planetas apagados,
y hasta la necesidad de tu abrazo,
cuando el frío me pierda en la calle
sin retorno de la desesperanza?

¿Dónde encontraré, madre, dibujado
el pálido arco iris de tu inexistencia
y el eco lejano de tu voz callada,
en el gris horizonte de los olvidados
réquiem, cosidos a la mortal indiferencia
de los tiempos de soledad y nada?

¿Cómo calentaré el ancho invierno
de tu sonrisa, la frialdad de tu mirada
y el íntimo carámbano de tu pecho,
con el agrio poso de mi ignorancia
y el amargo sinsabor de mi fracaso?

Hay un rumor de recóndito pétalo ajado
en el insalvable abismo del olvido,
quietud de barbecho cansado,
sabor a nada, camino detenido
en la estrofa rota de una naenia,
escrita en el espeso mutismo indefinido
de un cárdeno océano de lágrimas.

¡El horizonte, madre, es un crepúsculo
eternamente dividido!

Día de difuntos.

Naenia del olvido

Silba el árido corazón de la madrugada,
la desafinada melodía del oscuro mar
del abandono, con el eco frío del lamento,
en la desnuda nuca de la oscura nada;

lloran las ninfas lágrimas de espuma y sal,
inmensidad dibujada de un mar abierto,
en el hueco de un monótono punto y coma
del zaguán velado de la voz y el silencio.

Me iré lejos y más allá, de la piel
prohibida, y fuera del océano cielo
de las noches calladas de vida;

verteré la imaginación, en el papel
pautado de las fantasías incumplidas,
imaginaré el luar de las lunas redondas
en la consumación del tiempo;

miraré, secretas miradas fingidas
que anhelan madrugadas de sombra
en el fondo opaco de los ojos abiertos,
y soñaré agitadas manos, entretenidas
en el ilícito universo de los cuerpos.

Y cuando el sol ilumine el día,
todo será un desvarío sin remedio,
un efímero anhelo prohibido,
lánguido anochecer de las utopías
en el agónico océano de los sentidos;

ilusión, un inalcanzable deseo,
quimera de un corazón dolido,
delirio de humo entre los dedos,
una lejana pasión, un llanto perdido,
y una efímera lágrima en la tierra…

¡porque nada habrá sido!

Y sobre alamares de cartón piedra,
doblarán las campanas del miedo,
porque vendrá despacio el olvido
para quitarme ilusión y espera,
borrarme eternamente del recuerdo,
y dibujarme un horizonte, perdido
en el resonar lejano de las tormentas.

Gris atardecer de otoño

Naenia de la distancia

Vacío, y sordidez de sombras
en el jardín metálico del tiempo
que no marcará el reloj de las horas
con el vuelo de una mariposa;
rumor de madrugada, sobre los cuerpos
enaltecidos al desnudo de las diosas,
que tienden puentes de piedra fría
sobre la piel ardiente de los deseos,
vencidos en el yermo
oasis de la lejanía.

¡Y todo es distancia, en los días
de las miradas ajenas del silencio!
¡Separación, en la tibia cercanía
del silencio y los sentidos!

Almoneda de la nada,
caricia marchita
en el sombrío laberinto del olvido,
voz derramada,
espera infinita
en la urgencia del tiempo,
rompeolas de aire, detenido
en el arquitrabe abatido del cielo.

Horizonte profundo y afligido,
de vientres imaginados, afán desierto,
equívoco serenamente dolorido,
ausencia de voz y silencio.

Efímero despertar en blanco y negro,
por las desteñidas azoteas de seda
del dudoso abismo de los sentidos,
en el naciente de la luna nueva.

En el atrio de un amanecer incierto,
gime el mutismo del cielo dividido,
cuando la luna llena, recita
una naenia de muertos,
sobre las cenizas
de los padres prohibidos.

¡Un abecedario tristemente desleído,
agoniza en el desierto!

Invierno.

Naenia de la soledad

Plena y desierta, sigue tu mirada,
abrigada de palabra y ruido
por los pasillos de la madrugada,
desde que en un punto y seguido
de ayer, me perdí de voz y frontera
por el hueco callejón de los sueños,
en un inexistente camino de voz y tierra,
tras la cerrada cortina del olvido
y un sordo gemido del sentimiento.

Desierto apagado de los sentidos
que arañan manos abiertas de necesidad,
en una pródiga insolvencia de rayos
desnudos de afecto y negado afán,
que niegan a la luna llena de mayo,
cuando el cielo ya no puede llorar.

No hay nada en la silueta del tiempo,
y en la resonancia de la multitud
hierve un sinfín de instantes quietos,
cuando la vieja sinfonía de piedras
dibuja un cerrado horizonte sin luz.

No hay nada en la noche del silencio,
están vacíos, el barbecho y las veredas,
no consuela el réquiem de los muertos,
en el mutismo de las calles dormidas.

¡Y el aire, ya no mueve las veletas!

Recuérdame, muchacha desvanecida
en el tic tac perpetuo de las horas
que nos cincelan la piel de espera,
cuando todo era, solo ahora,
en un tiempo de inocencia prohibida
bajo un cielo dibujado de estrellas
y un océano de incontables auroras.

¡Riguroso mar de madrugadas perdidas
y multiplicadas de espuelas.

¡Esquina de barro y tijeras!

Io, Saturnalia.

Naenia para un verso anónimo

Ayer, he muerto definitivamente,
aunque sigo ridículamente vivo
a medio camino entre el cielo y la tierra.

Perdí el alma, en la transparente
arista del lívido olvido
con el vuelo de una mariposa negra,
extraviada en los timbres omitidos
de la interminable espera.

Agonizó el incógnito verso,
robándome un hálito de esperanza,
y una necesidad que nadie conoce
– inquieta ansia disimulada –
pereció afónica, en el extenso
horizonte nacarado de la nada,
con el etéreo aliento del reproche.

Una confusión de carnívora aldaba,
cubrió los sonidos y los ecos;

lágrimas de tierra en los alambres
mudos de las apenadas espadañas,
ahogaron las palabras y los tinteros;

y un oculto aullido de sangre
desleída, me negó la voz y la palabra,
con una mordaza de silencio
en los senderos del hambre.

¡Y el cielo, me dio la espalda!

Sólo queda un callado recuerdo
que se impacienta para no olvidar,
y el áspero regusto del destierro,
apagados remiendos de la soledad.

Ayer, dejó de latir mi tiempo,
¡y nadie me ha visto llorar!

Primavera florecía.

Epílogo exacto del incógnito verso

Pero una mañana, volvió a amanecer
en la orilla apagada de los miedos,
con un remanso de afonía y ausencias;
se oyeron las voces calladas de ayer
en un epílogo de miradas serenas,
y volví a oír, el lento latir de mi quieto
corazón, náufrago de las distancias.

Volvió la luz, y las tímidas estrellas
volvieron a jugar en mi cielo,
con el sol y la luna a la gallina ciega,
en los puntos suspensivos de las cosas;
oí blasfemar a los dioses del tiempo
y reír en secreto a las agitadas diosas;

sentí la sangre y las espumas, galopar
en los rincones más íntimos del silencio,
con un sereno rumor de mariposas;
acaricié la exactitud del sosiego,
descubrí el consuelo de la más verdad...
y volvió a brotar el manantial de los sueños.

¡Ayer, he dejado de llorar!

Mediodía.

Naenia a media voz

Quisiera envejecer en voz baja,
abrazado al suave rumor de la nada,
mirando al sol, sobre mis pasos
y llevando por equipaje, lo puesto;
pero la vida y sus aldabas,
no quieren venderme tiempo.

Porque el repetido tictac de los días
y los años, me ha ido perdiendo
entre cantos de sirena y utopías,
rumores, artificios y desvelos,
con el lánguido balbuceo del viento
y el irisado atuendo de la monotonía.

Porque ya solo soy el abrigo gastado
de un antes lejano sin ayer
y esclavo de sueños y anhelos;

hoja leída del ajado libro del saber
condenado a la hoguera del silencio,
sombra diluida, desánimo callado;
rima a media voz, de un verso
sin rima ni voz, lánguido amanecer,
crepúsculo desteñido, final anunciado
en el plomizo horizonte de lo incierto.

Porque me abrazan
los retumbos de ayer
y no me alcanzan las voces de mañana;
porque por las esquinas de la vereda,
resbala el vago susurro del atardecer
en la serena noche del barro y la grama.

Porque el dolor, es el verbo de la tierra,
la arruga, el mapamundi de la verdad,
y la memoria, es la puerta del olvido;
porque la razón nos pierde y nos niega,
el cielo nos aparta y nos aleja,
nos fallan los sentidos.
y ya no hacemos camino al andar;

porque no tenemos precio ni beneficio,
porque nos asusta el miedo, y la tristeza,
nos ciega la mirada,
y nos hace llorar.

Porque el cansancio, es un furtivo
error pespunteado en el aliento,
porque nos duelen la quietud y la palabra,
y el silencio es una confusión de sonidos,
que nos desampara el pensamiento.

¡Porque nos está prohibido imaginar!
¡Y nos mienten las voces del tiempo!

Porque la risa nos adorna y nos apaga
entre murmullos y el silbo del recuerdo,
en un agitado lecho
                    de invisibles espadas
que hieren la paz del alma y los adentro;

y porque nos descarna la mirada, mirar
el marchito racimo de abundante nada,
prendido en el ojal
                    cerrado del desconsuelo,
alamar del agrio rostro de la soledad.

¡Y solo puedo envejecer hacia más!

¡Porque ya he llegado a viejo!

Pensamiento casi febril.

3º Premio del XXXVI Certamen Nacional de Poesía "San Pedro". Puebla de la Calzada – 2024

Naenia para mi padre

Lloré por ti, padre, lamentos de dolor,
con lágrimas grabadas en el silencio
del inmortal papel secreto de la voz;
un sombrío laberinto de calles desiertas,
recorrió esta alma mía, que no me habla,
con el miedo mordiéndome la lengua,
y las manos, vacías de mañanas.

Dibujé tu nombre en la noche negra
de los tiempos que tus ojos no verían,
con un alarido de fiera moribunda,
            que el aire embastó a la fría
aurora, en las puertas de la madrugada,
sobre la piedra gastada de la calle oscura,
con un rumor de súplica blasfemada
en los ignorados epitafios del adentro.

Clamé a los dioses irreales de siempre
con la envejecida voz de los tiempos,
cuando un oxidado filo de espada
profanó la paz de tu sereno cielo,
y solo hubo un sordo rumor de la vida
que sonreía a la cárdena muerte,
con un templado retumbo de miedo.

¿Dónde, padre, encontraré la indefinida
rima sin verso, que te despierte
de la infinitud de las auroras detenidas
en el arcoíris apagado de lo inexistente?

¿Dónde encontraré tu sombra, perdida
en la ignorada senda del mañana hiriente,
cuando la ausencia me abrigue de espiga?

¿Cuándo volveré a encontrar tus ausentes
ojos cerrados y su mirada clara y tranquila,
en la orilla azul del final transparente?

¿Como, padre, reconoceré tu alma,
en el precipicio de los años zurcidos
al interminable hueco de la distancia,
enhebrada a la frontera del olvido?

La espesa pátina de guijarro y lejanía
que labra el barbecho que nos separa
en la cantera infinita de los desiertos,
es una naenia de lamento y afonía,
escrita en el vuelo de una mariposa blanca
con el cálamo gastado de mis versos,
sobre el imborrable oscurecer de los días.

Seguiré soñando, padre, con tu recuerdo,
junto el ambarino cielo de tu fotografía.

Enero descosía nubes de frío.

Naenia serena

Y todavía guardo el sol apagado
de un recuerdo de sombras,
frente al desnudo horizonte cerrado,
que ya no sueña lunas redondas
bajo el alero huérfano del alba
en una profusión de días gastados
y un océano de noches y estrellas
más allá del todo y la nada.

¡Ya no florecen las madreselvas!

El mutismo ronda noches de espuelas,
en un universo huérfano de besos,
confundido con el recuerdo azul
de un infinito de tejados y colmenas,
agónica memoria de mar y desierto
que anidan en la memoria inquieta
de un impenetrable universo de luz;
sollozan las veredas vagabundas,
– flor de estío y soledad derramada –
en un limbo de albas moribundas
que perdieron verdad y misterio,
con un clamor de lágrimas derramadas
en la punzante arista del abatimiento.

¿Dónde están las golondrinas?

¿Cuándo volveré a mirar tus ausentes
ojos, y su mirada clara y tranquila,
en el yermo dormitar de las esquinas
y el vacío de la noche inexistente?

Hay un rumor de espuma
en las lindes imposibles de las azoteas,
que arrullan dolor y anhelo
cuando la luna muestra su cara oculta;

enmudecen los patios y los planetas
bajo el silencio pardo de los momentos
con el sosegado susurrar de las violetas,
tras la obligada herida del desconsuelo,
cuando la noche se viste de estrellas
en la mudez de las calles
con los versos del último sueño.

Nada me habla de ti, madre,
y un vacío que no comprendo,
ocupa y mancha, mi luego y mi pena,
con la espesa sombra de lo incierto.

¡Pálido bisturí de luna, por las veredas!

Enero.

(II)

Gimen lamento y queja
las confundidas aldabas del cansancio,
en la noche fría de la nostalgia
– añoranza que araña el aire –
cuando las luciérnagas del desengaño
hilvanan en los adentro del alma,
– con versos tristes de la calle
que no alivian la arruga de los años –
una serena naenia de melancolía,
manuscrita en el papiro de las almohadas
sobre el imborrable oscurecer de los días,
con el cálamo escondido de los nadie.

¿Cómo encontraré tu rumor y tu silencio,
en la urgente brevedad de las horas,
cosidos a los bordes del recuerdo,
cuando la ausencia me abrigue de auroras
frías, en la intemporalidad de los tiempos?

¿Cómo decirlo sin palabras,
para poder dibujar mi entendimiento,
si ya no llora el ángel de la guarda,
ni las diosas, ni las musas, ni los poetas,
ni la memoria, ni el alma, ni los versos,
ni el mar, ni el cielo, ni la tierra?

Era un aleteo de mariposas negras
en el alborear de las puertas cerradas,
consumiendo la infinitud de la nada
en la frígida libido de las estrellas.

Contempla, alma, la eternidad vacía
que dibuja al final de los aguaceros
el arrogante ocaso de la luna llena,
cuando los tejados y los tímidos tinteros,
lloran por tu insignificancia y la mía.

¡Y todavía me inquieta
la voz del recuerdo,
en esta confusión de mediodías!

Seguiré soñando tu voz en las aceras,
pero tú no estás, padre,
en el amanecer de las adelfas…

tu silencio, madre,
calma el rígido mutismo de la tierra…

¡que oscura y fría es la tarde,
cuando me envuelve la tristeza!

Un día, un tiempo.

Naenia de la despedida

Me fui quedando sin pensamiento
de tanto pensar en nada,
cuando en los desvanes del cielo
bostezaba distancia la madrugada,
bajo la abundante sombra del silencio.

Y al otro lado de las espumas,
el vacío de los bolsillos vacíos,
y un infinito de muecas y pañuelos.

Ha palidecido la voz, en la bruma
desganada de la ausencia y el frío
anochecer de la memoria y el recuerdo,
cuando la luz rozaba el aire
con un rumor de olas y precipicios,
escondiendo los sonidos de la calle
en el más oscuro de los olvidos.

¿Dónde quedan las húmedas palabras
que dibujó la afonía de las despedidas?
¿En qué desolado ardor furtivo
reposan los ignorados besos de escarcha?
¿A dónde fueron las estériles sonrisas
del irreconocible afán sin esperanzas?

Naufragan las manos divididas
en el hueco universo deshabitado
de los oscuros y marchitos días,
de las anónimas almas descosidas;

un irreal adiós, susurra en los tejados
de la noche, una naenia de melancolía
al viento norte y las estrellas,
con el susurro de la soledad profunda
que ya no sueña lunas llenas,
de hoy sin ayer, de siempre sin nunca.

Se pierden los rostros, en el sendero
infinito de la penúltima huella,

¡sombra sin luz, camino sin regreso!

Y al filo de las renuncias, se quiebran
los negados y ausentes labios,
cuando la ilusión agoniza en la ventana
imposible del luego imaginario...

¡ida sin vuelta, noche sin mañana!

Bostezaba febrero.

Naenia para el lamento

Se me está acabando lo cierto
que me convence de seguir sonriendo,
y me faltan las ganas de hablar,
cansado de tanto hablar en silencio.

Solo me quedas tú, lamento
apenado que no deja de soñar
imposibles, en el océano de la nada,
cuando la noche dibuja los deseos
sobre la ardiente piel imaginada
que nunca podré acariciar.

Solo me queda el sabor amargo
de la verdad, negación del anhelo,
pajareando entre afanes y fracasos,
bajo el ácido rumor del desconsuelo
y el eco pervertido de los desengaños.

¡Ya no puedo creer en nada!

Porque solo tengo, un gris universo
de soledad, remendada de madrugadas
y finales, en el bastidor de los sueños,
perdidos en una noche pespunteada
de olvidos y reseca flor de desierto;

entre perezosas mañanas oxidadas
y un agrio abandono de besos.

Quiero el silencio más silencio,
la nada más nada que pueda acariciar,
tumbarme al sol en el vacío, y olvidar
que soy materia, agua y fuego
en la irreal transparencia de una mirada,
cuando enmudece el tic-tac del tiempo
bajo el sonido apagado de la nada.

¿Cómo decirlo, si no me quedan palabras
vivas que susurren mi pensamiento?

Me olvidaré de lo cierto
bajo las húmedas sábanas
que un día cubrieron su cuerpo,
y lloraré con el suspiro de esta naenia.

¿Cómo seguir creyendo?

Desmemoria.

Naenia de los sueños perdidos

Las irreales agujas de un reloj de arena,
apuntan al norte más vertical de toda tú
en una imposible apuesta de luna llena,
cuando el tic tac azul
de los deseos, borda besos prohibidos
en el bastidor profano de los desvelos.

Hay un rumor de lejanía en el silencio
de la noche y los sentidos,
cuando el invisible baile de lamentos
vagabundos de los delirios perdidos,
satura los rincones del pensamiento
en un ciego vaivén de pasos cohibidos,
con un amargo regusto a desaliento.

Febril empeño de la frígida memoria,
el barbecho bosteza susurros ciegos
que buscan la voz callada, de una piel
imaginada en los rincones del lejos
más oscuro de la nada,
que no volverá a oír la voz de ayer.

Lloraré por los labios prohibidos,
fríos en la inmaterial confusión
de la desmemoria y el tiempo;

y olvidaré el regusto sostenido
de la apetencia, inquieta imaginación
de los años que ya no son nuestros.

Ignoraré el sofocado suspiro
de los desengaños del alma y la razón,
con el humillante eco del recuerdo;
evocaré los redondos ojos furtivos
que me despertaron delirio, y pasión
de mirada triste y pensamiento.

Y seguiré esperando el frágil latido
de los inalcanzables sueños despiertos,
cuando el invierno amaine, templado,
en el océano de los deseos perdidos.

¡Ay...! Bajo el caído pétalo ajado,
flor de un día lejano y sereno,
perecen los sueños olvidados
con una naenia de pesar y sueño,
en el lienzo añil de los días disipados.

¡No queda nada!

Distancia de besos,
derrotas, vacío del alma,
soledad, sonrisas en el espejo.

Ayer.

Naenia desesperada

Ayer, perdí el último sueño
en una esquina de la esperanza,
y de la soledad, sentí el vencido verbo
en el mutismo de la campana,
omitido y olvidado en los tejados,
como la voz apagada de un lamento.
¿A dónde irás, dolor callado de mi fracaso?
Escuece, la abundante nada
que mañana coronará mi prosa y mi verso,
la falta de voz, el opaco blanco del papel,
la mórbida quietud del pensamiento,
el alma confundida, la desgarrada piel
aterida de melancolía,
boca ausente de boca y palabra,
y un espejismo multiplicado de dedos,
huérfanos de imaginación y fantasía.

¿En qué rincón perdido
descansarás mañana,
cuando todo sea susurro del silencio
bajo el manto frío del olvido,
pálida máscara de inexistente muerte?

Todo queda lejano,
y dudosamente repetido,
irreal, fingido, intangible, ausente;
un sabor a nada se agita por las esquinas
como una alegoría de manos cercenadas;
un gemido de musa, sola y seducida,
y un aullido de sombras apagadas
que murmuran fatiga dolorida.
al aire contaminado y ceniciento.

El día, es un oscuro hueco
de desgana, una insondable caída,
un barco fantasma en un océano seco,
una selva silenciosa, un hospital sin vida.

Hay un rumor de distancia que agoniza,
suspiro del roto cristal del silencio;
el mar, es una bruñida pátina de ceniza,
el horizonte, un diluido trazo en el cielo,
y la luna, una pajiza noche en la escalera.

¡No hay paz para los ignorados de la vida
en la arista más oculta del infinito tierra,
y el eco apagado de una naenia herida!

Mayo.

Naenia rota por una niña chica

(Elegía del silencio)

Hoy, he visto en tus ojos, el fondo cerrado
de una sutil emoción que te asusta,
y el fino trasgo del miedo, dibujado,
– como un claroscuro de mala luna –
en el inocente perfil de tu gesto callado,
impropiamente herido de ausencias.

He sentido el soplo cerrado de la tierra,
salpicando tu risa de mutismo,
y matizando tu voz de vacío y arena,
para abrigarte de inconformismo
en una subasta de suficiencias,
y el oscuro prisma de los abismos
oculto con un manto de soberbias.

Y me dueles, niña, en la tristeza
que apaga el brillo de tu mirada
de cuatro años, que asoman
por los postigos de agosto, que quiebra
emociones con la voz cerrada
de siempre, y el eco de una naenia rota.

Me dueles en tu infantil fragilidad,
en el pálido arcoíris de tu acento,
en la triste melancolía de tus gestos,
y en la sombra inacabada de tu queja;

en la velada desconfianza de tu mirar,
en la furtiva imagen de tu desconsuelo,
en la incógnita huella de tu recelo,
y en la discordia, que te separa y te aleja.

¿Como puede aliviar mi verso,
el translúcido grito herido
que sublima el silencio de tu lamento,
cuando el recuerdo y el olvido
cierran los ojos al sentimiento,
a la hora de los besos divididos?

La lechuza de san Cristobalón, ya no vuela
niña, en la oscura noche de los nadie,
bajo el disimulado clamor de las aceras
y el taciturno susurro de las calles,
destello de un ulular de olivos y barbecho;

se han equivocado la paloma y la cigüeña,
han enmudecido la alondra y el jilguero,
y en la desierta espadaña de piedra
solloza abandono, el consumido hueco
de la olvidada campana vieja.

¿Como puedo, desde mi torpe empeño,
aquietar los orgullos que te acechan
de ingratitud y arrogancia,
y la tenaz intención de los desafectos
de este confuso mar de distancias,
pobre de mí, orfandad y tierra?

Una aureola de bridas y espuelas
adorna tu apetencia y tu sueño,
y con lágrimas de sal y estera
llora mi abatida alma desalentada,
en un etéreo horizonte de espejos,
precipicio de embozos y almohadas.

Se revisten de lejanía las luces del alba,
con el íntimo clamor ciego
de un desacorde canto de sirena,
arañado de agitación y desvelo
en la noche de las diosas de cera,
fingidas bajo un nimbo de madrugadas.

¿Cómo puedo, niña, desde el sosiego
de mi atalaya de nostalgia y aldaba,
y el otero de mi destierro,
dibujar sin gestos ni palabras,
el infinito de luz de otro tiempo,
en tu, ahora, huidiza mirada?

Las golondrinas trisan tristes, en el alero
descosido del alba, cuando las mañanas
olvidan el perpetuo suceder de los días,
acariciando esquinas y desiertos
en un desorden de páramos y mediodías,
y un laberinto de quebrantadas horas.

Pero hay un cielo, niña, celeste y calmo
en la repetición de las auroras
que, con la clepsidra de los años,
y una clámide de musas y nereidas,
dibujará para ti, mañanas de luz y misterio;

y con las lluvias de abril y el sol de mayo,
y sobre un lienzo de lunas y azoteas,
con mansos destellos de cendal y espliego,
alumbrará primaveras de caléndula y azalea,
de amapola, salvia y violetas,
en el frío invierno de los desacuerdos,
para que vuelvas a reír con tu risa abierta,
y un acorde de poesía en movimiento.

Me dueles, niña chica… ¡nunca lo sepas!

Agosto.

Naenia de los días callados

Esta alma mía, ya no llora las heridas
de los punzantes amaneceres ciegos,
ilusiones borradas y diluidas
en un cotidiano naufragio de sueños;
los años me han hecho sombra de papel
en blanco, versos lentamente borrados
del efímero argumento del ayer,
inexcusablemente disimulado
en la noche húmeda de la pared,
y las esquinas de los mediodías.

Nada es verdad en mi ánimo, saciado
de fracasos y manos vacías;
nada queda en mi pensamiento,
eternamente inquieto y quebrado,
en la sombra sin sombra de un momento;
casi nada, en la baranda de los días,
una rima extraviada en el silencio
de los ecos y las callejas rendidas,
como una marchita hoja al viento.

¡Y estoy insaciablemente cansado!
¡Hasta la consumación!

De un penoso agotamiento animal,
y de este sabor a desierto y campanario,
descorazonado hálito carnal
deshabitado de besos y labios;

y de no ser de mí, cuando soy,
de ser mudo mientras hablo,
imaginado cuando estoy presente,
de vociferar si me callo,
y de no estar cuando estoy.

¡La luna cerró los ojos,
y nadie pudo salvarme!

Al final, solo inexistencia, ignorancia,
y el alma, cosida con los fríos alambres
de la descreída esperanza;

y en la insistente disonancia
de las desafinadas guitarras,
el inmoral estruendo del miedo.

En el obstinado reloj de las cigarras,
el lejano horizonte, ciego
de luz y sombras, bordará
una naenia y su lamento,
para los días que no han de llegar,
y que no medirán mi tiempo.

Y, al fin, seré libre, y nada me hará llorar.

Callado silencio

Naenia humilde

Soy un cansado corazón
de ridículo papel mojado,
que va dejando de latir, en el rincón
de los espíritus de ayer
inmortalmente ignorados;
alma desarraigada, mirada de cincel,
lágrimas de tiza y yerba,
sueños de humo, quimeras de esparto.

He buscado en la imagen del recuerdo,
la memoria de lo que nunca encontré,
la sombra de mis manos de niebla
en las noches en blanco y negro,
el regusto de los labios de piedra
de las bocas que nunca besé,
auroras frías al final de los horarios;

he buscado, los silencios de la calle
en el silencio de los campanarios,
y la culminación de los días y los nadie
y en el sueño sin fin de los solitarios.
Palabras, que siempre llegaban tarde,
hojas caídas de los calendarios.

¡No le hables a nadie de mí, madre!

Buscaré en las escaleras del cielo,
el desván prohibido de los planetas,
el momento último de los momentos,
y una abatida apuesta de tierra,
cuando el sol apague los tejados.

Mañana, solo espero
acariciar la luna llena de mayo,
fríamente reflejada en los miradores
de mi soledad y mi descanso,
porque ya no anidan los ruiseñores
en mi fracasado corazón de barro.

Se me fueron rompiendo los sueños,
y la luna, recostada en la almohada
del tiempo, siguió vulnerando cielos
en la impunidad de las noches furtivas,
– relámpagos de soledad y nada –.

¡Y se me fue haciendo tarde la vida!

Llegué tarde, a la nada,
al eco lejano de la voz primera,
y no sé si he llegado pronto a la senda
apartada de los últimos versos,
o si llego tarde a la vereda
solitaria de la voz callada.

¡Y mañana, madre, no está!

Mañana, es una apuesta de tierra,
una arruga del pensamiento,
que nos va gastando
de memoria y recuerdo,
y nos acabará borrando
del breviario de los sueños.

Mañana, no es verdad, madre,
en el camposanto de la voz y la palabra.
¡Porque mañana… siempre es tarde!

Llegué tarde a las puertas y las aldabas,
de las gastadas almas fugitivas;
llegué tarde a las sábanas manchadas
que negaban caricias prohibidas.
Y comencé a ser invisible,
casi inmaterial, imperdonable
estrambote de un soneto imposible,
y me fui convirtiendo en nadie,
caleidoscopio en gris,
peón de tierra y aire,
ser inanimado de acera y esquina,
que fue dejando de existir
en el suceder de los años y las arrugas,
con el vuelo de las golondrinas
sobre el anochecer de las horas,
a la sombra de las espadañas mudas;

y con la luz apagada de abril,
con el despuntar del sol y la aurora,
sobre los girasoles y los sarmientos,
y en un trisar ruidoso y febril
de crisantemos,
con el verso del último sueño.

Sabíamos, que no sabíamos de mañana,
lejana muchacha de aquel tiempo
de sutiles mariposas negras,
cuando en los sótanos del miedo
las furtivas manos resbalaban
por los huecos prohibidos y las escaleras.
¡Duerme al fin, poeta de lunas sin lágrimas!

Ya no escribiré poemas
que nadie profanará
con la tinta del silencio,
y el clamor de los planetas.

Hay un rumor de romero
en las cárceles de la madrugada
y un jirón de niebla, en el reflejo
incorpóreo de las barandas.

¡Dejadme la voz del niño del espejo
que ya no me devuelve la mirada!

Sosiego.

Naenia desconsolada

(Autorretrato en diez sonetos descreídos)

(1)

De los besos

Para Fernando M.

No hubo en mi buen corazón cuitado,
ningún arrullo de amorosos besos,
no sintió los abrazos en mis huesos,
y se dejó vencer en mi costado.

No busca la razón de aquel pecado,
no llora la ausencia de aquellos besos,
vacío y pena, son los confesos
impulsos que lo hacen desairado.

El tiempo alivió la feroz herida
haciéndola dolor y pensamiento,
rumor y silencio, calma rendida;

la luna negó la mirada al viento,
vertió una estéril lágrima fingida,
y Dios, alegó desconocimiento.

(2)

Del rayo

Para Adolfo M.

Me llamo nadie, y soy ninguno,
rehén de ti, vida, y tus vaivenes,
vagabundo de anónimos andenes,
voz errante, a todos inoportuno.

Soy prudencia y silencio bruno
en este mundo de fieros desdenes,
y habita en mis castigadas sienes
un voraz rayo, violento y uno.

Mi ayer abriga una luna eclipsada
y el árido fin de una utopía,
desleída en la noche olvidada;

mi mañana – solo melancolía –
ultimará su aurora consumada,
y Dios, olvidará mi postrer día.

(3)

De la soledad

Para Ceferino A.

Vano y pena fueron mi camino
de frías y desiertas madrugadas,
y el rumor de mil noches inmoladas
que fueron blasonando mi destino.

Tristeza y soledad, desatino
de mis humildes sienes derrotadas,
frágiles geometrías desoladas
en un estar y no ser, clandestino.

Luego, el dolor, lluvia sobre arcilla,
y la soledad, aciago instrumento
de ávido corazón, caudal y orilla;

ángulo cerrado del pensamiento,
mutismo, barro, árida semilla.
Y Dios perderá mi voz y mi acento.

(4)

De la poesía

Para J. M. del Pozo.

Me ocultaron la noche y el día
tras una máscara de indiferencias,
y me negaron las buenas conciencias
con un eclipse de mirada fría.

Hallé refugio en mi humilde poesía,
y me ayudó a suavizar las ausencias
que condenaron voz y procedencias,
del sencillo afán de esta alma mía.

¡Ay!, como si no hubiera vivido,
ya no inviste mi cabeza cana
el peso del camino recorrido;

volverá el sol a abrir cada mañana
aunque me niegue el ser y haber sido,
cuando Dios extinga mi voz profana.

(5)

De las diosas

Para Juan Carlos P.

Detrás de las tristes horas que anudas,
sigue vivo el fragor de las tormentas
que dejaron mil heridas, hambrientas
de sordos lamentos y quejas mudas;

se arrepentirán las diosas desnudas
con llantos de soledad y afrentas,
cuando en las vísperas amarillentas
encuentren lugar y asiento mis dudas.

Después de la sombra y de la herida,
de la inquietud y el último paso,
del susurro de la aurora prohibida;

más allá del triunfo y del fracaso,
descansará en paz mi alma consumida,
y Dios, no se dolerá por mi ocaso.

(6)

Del alma

Para Juani A.

Tengo el alma en el filo de una espada
de amarga y dolorosa indiferencia,
que hiere con acérrima insistencia
y despecho de luna vulnerada.

Tizna mi boca con un gusto a nada
y mi corazón se duele de ausencia,
sobre el fracaso respiro apetencia,
cautiva de la incierta madrugada.

Vivir y morir, quiero y no quiero,
beber del cáliz que la pena acaba,
huir de mí, y mi carnal frontera;

porque nada tengo y nada espero,
busca final consuelo mi alma esclava,
y Dios, no llorará cuando me muera.

(7)

De las rimas

Para Plácido R.

Me iré del tiempo y sus umbrales,
con la voz del arado en el barbecho,
y escribiré un verso, de sueños hecho,
esculpido de espinas y cristales.

Renunciaré a las rimas otoñales
desde lo más profundo de mi pecho,
abatiré aquel verso insatisfecho,
y dormiré la paz con sus raudales.

Quiero, voz, que vengas desde la grama,
junto al oscuro ruido que retumba
en el abismo añil que me derrama;

la entristecida tarde moribunda
me vestirá de sombra y retama,
y Dios, no identificará mi tumba.

(8)

De la luna

Para Ramon B.

Se borrará mi fiera desventura
del rendido tuétano de mi hueso,
con el húmedo calor de un beso
del yermo aliento que mi voz procura.

Sueño, solo memoria y mordedura,
ineludible melodrama espeso
del tiempo, frio ejecutor confeso,
que sigue a la muerte y su conjura.

No puede más mi alma pasajera
con esta mortal carga, que agoniza
con el sucumbir de la primavera,

bajo el halo de una luna pajiza,
ambarina luz, de mi luz postrera.
¡Dios, no rezará sobre mi ceniza!

(9)

De la conciencia

Para Jenaro M.

Cercano ya, el final y la hora
para el epílogo de mi vereda,
desdeño el tiempo vivo que me queda,
desnudo y solo, bajo la aurora.

No quiero tener un alma traidora,
ser leal con la presurosa rueda
que, revestida de algodón y seda,
prohíbe la voluntad que me llora.

Quiero ser, solo yo y mi conciencia,
la voz dolida que en silencio clama
desde el páramo gris de mi existencia;

ser yo, sentimiento y epigrama
de la señal ardiente de la ausencia,
aunque Dios no llore junto a mi cama.

(10)

De la vida

Para Jorge T.

Nunca esperé un milagro de la vida,
de los dioses ni de la primavera,
respeto y loor a quien lo espera,
por causa o desconsuelo que no olvida.

No es tristeza mi palabra herida,
no es delirio pensar de esta manera,
esta voz es conciencia verdadera,
credo, rumor del alma dividida.

Desechó toda esperanza mi inquieta
alma derrotada, que me convierte
en febril afán, sueños de poeta;

no existe milagro para mi suerte,
nunca quise ser sabio ni profeta,
pero Dios, no lamentará mi muerte.

Pensamientos

Naenia última

Salve, Melpómene, tragedia
serena de las inacabadas albas
que no verán la luz de la tarde,
descosida del horizonte de la nada
en el confuso cañamazo de esta comedia.

Amanecerá el día último, en silencio,
y me hablará de ti, padre,
recordando tu voz y tu palabra,
la amplitud de tus gestos,
tu sonrisa ancha, de niño grande,
y la generosidad de tu mirada;

y me enseñará el inmaterial sendero
que te cubrió de pródiga ausencia,
y te llevó hasta el final de los tiempos
por una desleal y oscura vereda.

Me hablará, madre, de tu presencia
bajo el tul gastado del sufrimiento,
del eco permanente de tu queja;

y de tus ojos, abiertamente abiertos
de necesidad y apagados de tristeza,
en el estruendo añejo de los lamentos.

Y me señalará la inalcanzable estrella
que mece el sopor perenne de tu cielo,
al otro lado del mar y las veletas.

Iré, sereno, hasta vuestros brazos
ausentes, – eternidad y espera –,
y hasta más allá de los planetas,
buscando el amparo del regazo
que necesitó aquel niño, que lloraba
en los umbrales huecos
y las solitarias aceras;

y velaré mis ojos miopes, y sin mirada,
en el fondo de vuestro mirar eterno,
por encontrar mi propia senda

(II)

Me despojaré de mi triste rebeldía
con una plácida apuesta de miedo,
con un relámpago de segundos ciegos
que ya no conocerán mediodías.

No recordaré aquel beso prohibido
que me regalaron entre sombras,
ni su nombre, ni su voz, ni su boca,
ni la esencia de su pecho seducido.

Olvidaré el color de su mirada
y el cálido susurro de su risa,
la liviandad de su piel entregada
y el rumor sereno de sus caricias.

Y el húmedo calor de sus labios,
eternamente deshilachados
en un ignorado regusto agrio
a beso inevitablemente soñado,
en una esquina de la fantasía,
a la sombra de un quizá, imaginario.

Olvidaré, sobre el ábaco de los días,
mi humilde palabra de agua y barro,
dejaré mi verbo de mármol
en el frío sudor de mi cama fría,
sufriré mi desnudez y mi fracaso,
y negaré a los poetas que me negaron
versos con versos confundidos.

Y cuando el reloj marque el momento,
a la hora en punto de los olvidos,
sonreiré, templado y sin sentimiento;
borraré mi nombre del hasta luego
ultimo de las voces de la calle,
y no despertaré del sueño
que me llevará a no estar con nadie.

Cerrará los ojos la rosa de los vientos
con un fingido lamento de sal
que no conmoverá al cielo,
me moriré solo y sin remedio,
y las musas y las ninfas, no me llorarán.

(III)

Musa, canto, y la rígida mirada
en el áspero océano de las dudas,
errantes en la soledad sacrificada
y el barbecho de la noche desnuda.

Deja que llegue la última llamada,
translúcidamente amarillenta
en el abrigo de su cercana lejanía;

que grite mi nombre entre tormentas
sobre las azoteas y la tierra mojada,
dibujando rumores de melancolía
en el lienzo etéreo de la madrugada,
cuando la sombra se reclina en las veletas
susurrando su prosa vacía
en el proscenio celeste de las estrellas
y las esquinas profanadas.

Que me borre la humanidad, rendida
ya, de ser nada en esta rígida acuarela
de albas y vísperas divididas,
y que me olviden el cielo y la tierra
en una confusión de lunas salvajes,
con el bisbiseo de una naenia postrera.

¡Desnudo y sin equipaje!

(IV)

Llevadme aparte, voz de sementera,
lejos de las almas y el gris paisaje,
desvestido de otoño y primavera,
con un rumor de grillos y alacranes
y el tic tac de las noches colmeneras.

¡Desnudo y sin equipaje!

Liberadme en un campo de olivares
y en un pardo rastrojo de barros,
en un cetrino atardecer de encinares
y un horizonte de besanas y cardos,
que silencien los sueños perdidos
a la sombra de un verso callado,
junto a los polinomios del olvido.

Desnudo, a la tierra, como tierra
de aquel monte, rubio, cosido de olivos
y zurcido de líquido cristal dorado,
– raza serena de morena sierra –
infinito de mi original gemido,
asilo de mi verbo equivocado,
horizonte de mi luna nueva,
y alamar bruñido de mi yo, conmigo.

Y sin equipaje. Vacío, como si no fuera,
hasta la encina y el chaparro,
– castra, encomienda y fuente –
confín de mi juventud primera,
abrigo del lejos templado, barro,
piedra, susurros del Corro y el maestre,
tañer de su atalaya campanera,
fanal y almena, pedestal de los siglos.
Memoria, pasado y presente,
raíz, aceituna, sarmiento y trigo,
tiempos dormidos en las veredas
del tiempo, para siempre detenido.

¡A la tierra! ¡Como plomiza tierra!

(31/12/2024)

Ito Huche

Finis coronat opus

INDICE.

Epílogo de las nanas.

Epílogo de naenias.